Porzellanpuppen
Modellieren und Bemalen

Heidemarie Fischer

Porzellanpuppen

Modellieren und Bemalen

ENGLISCH VERLAG

CIP-Titelaufnahme der Deutschen Bibliothek

Fischer, Heidemarie:
Porzellanpuppen modellieren und bemalen/Heidemarie Fischer. – Wiesbaden: Englisch, 1989.

ISBN 3-8241-0354-0

Printed in Germany.

Umschlag und Innengestaltung Andreas Ruers.

Photos: Reinhard Berg

Inhaltsverzeichnis

Vorwort

Porzellankopfpuppen – bis vor etwa 20 Jahren von Antiquitätensammlern noch leicht belächelt und als Wertgegenstand kaum anerkannt – wurden im letzten Jahrzehnt zu einem begehrten Sammelobjekt. Regelmäßig stattfindende Puppenbörsen verhalfen den wunderschönen alten Puppen allmählich zu dem Ansehen, das sie heute genießen, und zu einem festen Platz in den Reihen der sammelnswerten Antiquitäten. Aber leider hatte dies auch zur Folge, daß sie im Laufe der Jahre unerschwinglich teuer wurden. Sammler freuten sich natürlich über die enorme Wertsteigerung.

Die Nachfrage nach diesen zauberhaften alten Puppen wurde so groß, daß es kaum mehr eine andere Möglichkeit gab, als sie zu reproduzieren. Anfangs wurden diese nachempfundenen Puppen gern als „Fälschungen" bezeichnet. Viel Aufklärungsarbeit war erforderlich, um Skeptiker von der Notwendigkeit dieser Arbeiten zu überzeugen. Es werden die Antiquitäten von morgen sein. Ein wunderschönes Hobby entstand, auch bei uns in Deutschland (in Amerika vor 30 Jahren): die bekannte „Deutsche Puppenindustrie" hatte ihre Renaissance.

Ein weltweiter Puppenclub GDS (Global Doll Society) wurde 1982 gegründet. Seine Mitglieder verpflichten sich, ihre Puppen möglichst genau alten Vorbildern nachzuempfinden und sie als Reproduktion zu kennzeichnen. Seit der Gründung finden jährlich in verschiedenen Ländern Kongresse mit Wettbewerben statt. Dort zeigt sich, wie das Motto „Weltweit Freundschaft durch Puppen" sich tausendfach bewahrheitet hat.

Die Puppe und ihre Geschichte

Das Thema ,,Puppe" ist so umfassend, daß es schwerfällt, in kurzen Zügen seine unterschiedlichsten Bedeutungen für die Menschheit zu streifen. Der Begriff ,,Puppe" tauchte erstmals 1715 in einem Lexikon auf und wird aus dem Lateinischen abgeleitet von ,,pupa" = kleines Mädchen. Wir können uns mit der geschichtlich-kulturellen, pädagogischen, philosophischen, psychologischen, soziologischen, technischen und modischen Bedeutung der Puppe auseinandersetzen. Die Puppe ist in erster Linie das *wertvollste Spielzeug* überhaupt. Im späten Mittelalter durften sogar Jungen damit spielen! Sie hat einen hohen pädagogischen Wert, wie schon Pestalozzi und andere Erzieher erkannten. Kinder sollten sich im Rollenspiel mit der Puppe auf ihr zukünftiges Leben als Hausfrau, Mutter oder Vater vorbereiten. Auch heute kommt man wieder mehr auf das Spielzeug ,,Puppe" zurück. Leider ist es ein Massenprodukt geworden.

Die schönen Porzellanpuppen von früher mit ihrem besonders starken Ausdruck hingegen sind heute ein begehrtes Sammelobjekt.

Schon seit Menschengedenken gab es puppenähnliche Figuren, die man eher in das Gebiet der Archäologie einordnen möchte (wie zum Beispiel die Grabbeigaben bei den alten Ägyptern). Sie dienten magisch-kultischen Zwecken. Später wurden die ersten hölzernen Gliederpuppen zum lehrhaften Nachspiel religiöser Zeremonien verwendet. Ab 1700 bedeutete der Begriff ,,Docke oder Tocke" nur noch Puppe, während er im Mittelalter allgemein der Ausdruck für Spielzeug war. Bekannt sind die Nürnberger und Sonneberger *Holzdocken.*

Der Traum eines jeden Puppensammlers wäre so eine Braut von Kestner aus dem Ende des 19. Jahrhunderts, die mit ihrem ganzen Trousseau (Aussteuer) im Wanke-Museum in Limburg zu besichtigen ist.

Ein Leben mit den Puppen. Ein kleiner Teil unseres Wohnzimmers. Die zweite Puppe von links ist eine original Kämmer & Reinhardt/Simon & Halbig 126, ganz rechts steht eine original Kämmer & Reinhardt/Simon & Halbig 117n. Die drei kleinen Damen hinten in der Mitte sind eigene Entwürfe. Alle anderen Puppen sind Reproduktionen alter Porzellanpuppen. Eine gemischte und fröhliche Runde.

Nicht nur Holz, auch Ton, „Pappenzeuch", Stoff und Brotteig dienten zur Puppenherstellung. Im Puppenmachen versuchten sich fast alle Handwerker, so zum Beispiel auch Goldschmiede. Es ist bis in unsere Zeit so geblieben, daß Puppen aus den verschiedensten Materialien hergestellt werden und auch immer aus den aktuellsten, heute beispielsweise aus Vinyl.

Ab 1700 begann die Produktion von *Wachspuppen*. Mit ihren „Montanari-Puppen" wurden die Engländer Mitte des 18. Jahrhunderts führend. 1806 wurden die Puppen in Sonneberg/Thüringen, der Hochburg der Spielzeugindustrie, erstmals aus *Papiermaché* hergestellt und, kennzeichnend für die Zeit, im Empirestil gekleidet.

Erst ab 1830 wurde *Porzellan* zur Puppenherstellung verwandt, obwohl es in Deutschland bereits 100 Jahre den Chinesen „nacherfunden" worden war. Es kamen die weißen glasierten Porzellanköpfe auf den Markt, die sogenannten *China-Heads*. Die Puppen hatten modellierte, schwarz gefärbte Haarfrisuren und stellten meist kleine, aber auch größere Biedermeier-Damen dar. Besonders bekannt sind aus der Zeit die unbeweglichen, ganz aus Porzellan hergestellten Badepuppen als „Frozen Charlotte" und „Frozen Charly".

Während der Jahre 1850–1870 kam unglasiertes Porzellan zur Verwendung. Aus diesem frühen Biskuitporzellan entstanden blonde Puppen mit sehr schön modellierten Frisuren, sogar mit Spitzenhäubchen, die sogenannten *Parian-Puppen.*

Bereits zwischen 1860 und 1870 kamen in Frankreich die ersten *Biskuitporzellanpuppen* auf, die die kurz davor entstandenen Parian-Puppen verdrängten. Aus diesem zweimal gebrannten Porzellan sind alle in diesem Buch gezeigten Puppen hergestellt.

Um 1875 wurde dieser Puppentyp sowohl in Frankreich als auch in Deutschland serienmäßig herausgebracht. Bis dahin stellten die Puppen immer erwachsene Damen dar. Sie dienten besonders in Frankreich zum Vermitteln der Mode in die ganze Welt. (Noch heute werden Puppen benutzt, um Trachten der verschiedensten Regionen aus aller Welt zu zeigen.)

Ende des vorigen Jahrhunderts bekamen sie zusehends kindlichere Züge, bis dann Anfang unseres Jahrhunderts die Charakter- und Babypuppen geboren wurden, die die Herzen der Kinder so richtig erfreuen konnten. Auch heute sind sie die Lieblinge der Sammler und werden am häufigsten reproduziert.

Die Puppenköpfe waren anfangs ungemarkt, manchmal numeriert, aber mit der Zeit wurden sie von den verschiedenen Herstellerfirmen mit einer Halsmarke versehen. Sie dient auch heute noch zum Erkennen und Einordnen der einzelnen Fabrikate. Oft lassen sich auch Entstehungszeiten und Größen daraus ablesen. Allein darüber gibt es einige gute Fachliteratur. In diesem Buch werden Puppen von den bekannten französischen Firmen Bru, J. Steiner, Jumeau und S. F. B. J. (Société Française de Fabrication de Bébés et Jouets) als Reproduktionen gezeigt. Von den bekannten deutschen Herstellern: Kämmer & Reinhardt, Kestner, Armand Marseille, Simon & Halbig und Heubach sind sowohl Originale als auch Reproduktionen aufgeführt.

Diese wunderschönen, auch damals sehr teuren Puppen waren immer nur Spielzeug und Erziehungsmittel für die Kinder der oberen Schichten. Bauernkinder nahmen Tannenzapfen, Holz, Lumpen oder Steine, bastelten sich mit viel Phantasie Puppen und Tiere daraus und spielten in aller Bescheidenheit damit. Arbeiterkinder besaßen die kostbaren Puppen ebenfalls nie, obwohl ein Teil von ihnen bereits im Kleinkindesalter bei der Puppenproduktion für die Reichen mitarbeiten mußte. Kleine Fingerchen, schon von Fünfjährigen, waren beispielsweise gut geeignet, Bälger zu wenden. Das Elend der Heimarbeiter wurde immer größer, je gefragter die Puppen in der ganzen Welt wurden. Der Konkurrenzkampf der Herstellerfirmen brachte sie in diese Not.

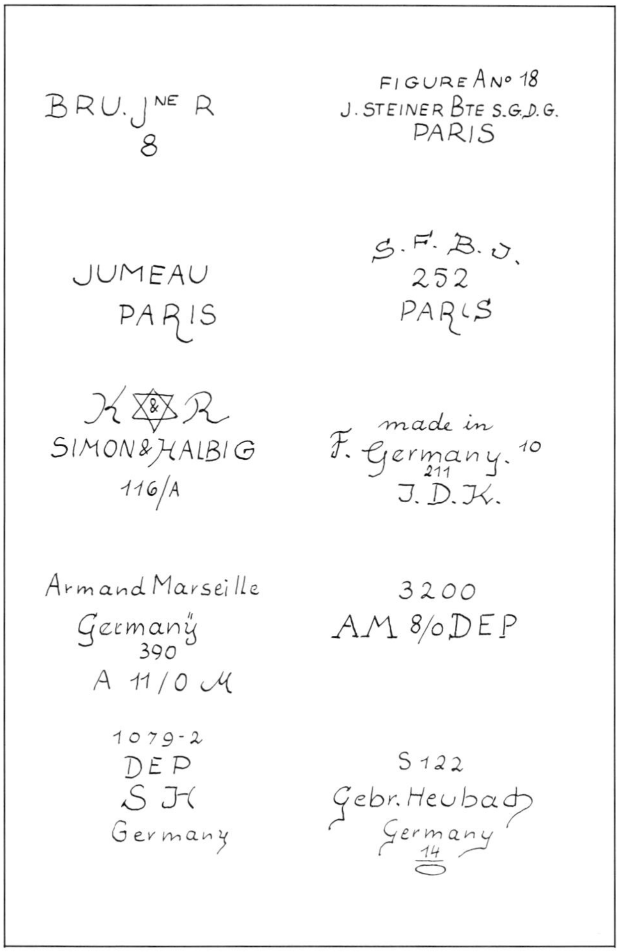

Die Kämmer & Reinhardt/Simon & Halbig 117n ist mit ihren intakten Schelmenaugen (Flirting Eyes) eine begehrte Sammlerpuppe. Hier steht sie auf einer Empirebank am rauschenden Mühlbach. Seit 1916 hat sie sicher schon viele andere Umgebungen erlebt.

„Anna" wurde sie von ihrer Besitzerin 1896 genannt. Es ist eine Armand Marseille 3200; sie sitzt in ihrem Puppenwagen von damals und wurde mir von der Enkelin der ursprünglichen Puppenmutter überlassen.

Vom Puppensammeln und Puppenmachen

Jedesmal, wenn ich eine alte Puppe in die Hand nehme, frage ich mich nach der langen Geschichte, die sie über Generationen erlebt hat. Befaßt man sich etwas intensiver damit, fühlt man den inneren Zwang, diese Puppen als ein Stück Kulturgut zu bewahren, die Arbeit unserer Vorfahren zu ehren und erneut das alte Handwerk zu beleben.

Zwei Weltkriege und der Zahn der Zeit haben nur noch wenige dieser schönen Geschöpfe übriggelassen. Zudem gibt es mittlerweile schon viele Puppenliebhaber, für die sie ein begehrenswertes Sammelobjekt sind. Man findet sie immer seltener und wenn, dann zu unerschwinglichen Preisen. Es gibt durchaus Puppen, die heute 30 000–50 000 DM im Original wert sind. Als Sammlerin aller möglichen Antiquitäten wurde mir eines Tages auch eine Puppe angeboten. Ich hatte davon überhaupt keine Ahnung und konnte sie in keine Zeit einordnen. Rein gefühlsmäßig kaufte ich sie mir und bald darauf noch einige andere. Ohne genauere Kenntnis der Materie ist dies äußerst gefährlich für den Geldbeutel. Nach einigem Studieren in Fachliteratur, die es seinerzeit nur in Englisch gab, stellte sich zu meinem großen Glück heraus, daß ich wertvolle Stücke gekauft hatte. Mein Sammlerglück war allerdings nur von kurzer Dauer. Keine seltene Puppe war mehr für mich bezahlbar.

Da hörte ich 1982 von der Möglichkeit, Porzellankopfpuppen selbst zu machen. Ich zögerte, als gelernte Chemotechnikerin war ich ja nicht gerade künstlerisch begabt. Nie zuvor hatte ich einen Pinsel in der Hand. Aber all diese Bedenken wurden von meinem Wunsch, den Hans von Kämmer & Reinhardt Nr. 114 zu besitzen, verdrängt. *Carol Ann Stanton,* meiner geduldigen Lehrerin, habe ich es zu verdanken, daß ich nicht nur meinen Hans bekam, sondern viele, viele andere Puppen.

In der Mehrzahl sind es Frauen, die dieses Hobby erlernen wollen, jedoch mein jüngster Schüler war ein 13jähriger Junge. Auch bei Männern entwickelt sich die Begeisterung fürs Puppenmachen, meist aber treten sie in Zusammenarbeit mit ihren Frauen auf.

Seit Erhalt meines Lehrerzertifikats konnte ich meine Begeisterung und meine erarbeiteten Kenntnisse schon vielfach weitergeben. Das Interesse an Puppen wächst unaufhörlich. Viele Frauen, die während der Kriegszeit nie eine Puppe besessen haben, kommen auf diese Weise zu ihrer ersten eigenen, außerdem noch selbstgemachten Puppe. Die Sehnsüchte aus verlorengegangenen Kindheitstagen werden, wenn auch spät, endlich realisiert. Es stimmt, daß Puppenmacher, egal welchen Alters, immer jung bleiben (meine älteste Kursteilnehmerin war 78 Jahre alt). Die Ideen sprudeln nur so hervor und zwingen einen, unablässig aktiv zu sein. Kreativität entsteht, bringt manche ungeahnte Fähigkeiten zutage, erfreut Frauen, die neben eintöniger Hausarbeit nun etwas Schönes von bleibendem Wert geschaffen haben. Andere sehen es als wirkungsvolle Therapie, Abschalten von allem Alltäglichen, Eingefangenwerden von dieser unserer wunderbaren Puppenwelt.

Etwas für sie Unfaßbares hat neulich eine Kursteilnehmerin bei mir vollbracht. Sie wurde neidisch bei den Gesprächen über selbstgemachte Puppenkleidung, Schuhe und Perücken. Daraufhin nähte sie nachts während der Seminardauer ihr erstes Kleid. Nie zuvor hatte sie so etwas versucht. Aber schließlich sollte ihr Püppchen bekleidet nach Hause gehen. Noch leben viele Omas, die gerne Auskunft geben über die damalige Zeit. Sie helfen uns begeistert und werden sogar noch mit 80 Jahren wieder aktiv, zeigen uns den Stil der damaligen Mode und schwelgen dabei in Kindheitserinnerungen.

rechte Seite
Eine seltene Darstellung der Jumeau (Mulattin) als Inderin. Mit ihr erhielt ich beim 1. GDS-Kongreß 1983 in Frankfurt eine Bronzemedaille.

Eine Dame zeigt, was sie unter ihrem Kleid trägt. An der Ausstattung dieser J. Steiner haben mir vier Puppenfreunde geholfen.

Dreimal die gleiche Puppe. Die verschiedenartige Ausstattung verleiht der Bru Jne 8 jedesmal einen anderen orientalischen Ausdruck.

Das Entstehen einer Porzellankopfpuppe

Das Wichtigste ist eine exakte Form. Da es keine Originalmutterformen von früher mehr gibt, ist man gezwungen, sie von Abdrücken der Originalpuppen herzustellen. Hierfür muß natürlich immer das entsprechende Original vorliegen, damit ein gelernter Formenbauer diese Arbeit durchführen kann. Aus dieser Mutterform kann der Hersteller dann anschließend unzählige Gebrauchsformen aus Gips fertigen. Da die alten Firmen nicht mehr existieren, ist dies erlaubt.

Wie wir aus späterem Arbeitsvorgang verstehen werden, ist jede ,,Reproduktion" etwa um 15% kleiner als die Originalpuppe. Ein wichtiges Erkennungsmerkmal, um eine ,,Repro" vom Original zu unterscheiden. Als nächstes benötigen wir Porzellan (ein Gemisch aus Kaolin, Quarz und Feldspat). Die noch gießbare Porzellanmasse (Schlicker) enthält etwa 30% Wasser. Die exakte Zusammensetzung dieser Hobbyporzellanmasse ist nur dem Hersteller bekannt. Eine Brennmöglichkeit oder besser ein eigener Brennofen sind eine unerläßliche Voraussetzung. Handelsübliche Brennöfen können überall im Haushalt angeschlossen werden, sind leicht auf Rollen zu bewegen und haben ein relativ großes Fassungsvermögen.

Soweit wir nicht in der Lage sind, die Puppe durch eigene Arbeit zu vervollständigen, fallen die größten Kosten für Körper, Augen, Perücke und Kleidung an. Alle übrigen Utensilien, wie Werkzeuge und Farben, fallen kostenmäßig für die Herstellung des Kopfes kaum ins Gewicht. Ich kann Puppen von 200 bis 2000 DM herrichten. Der Phantasie werden kaum Grenzen gesetzt.

Auch Puppenkinder mußten zu Bett gehen und sich, etwas unbequemer als heute, vorher waschen. Firma Kämmer & Reinhardt gab das Vorbild für das kleine Mädchen (Nr. 117) und den Knaben (Nr. 32).

Ein neues großes Baby von Kestner 257 sitzt vereint mit dem beliebten Baby Nr. 126 von Kämmer & Reinhardt/ Simon & Halbig aus dem Jahre 1914 auf dem Biedermeiersofa.

Eine Jumeau in einer für sie nicht unbedingt typischen Kinderkleidung.

Die „Hilda" von Kestner aus meiner Anfangszeit tanzt lustig vor dem alten Hintergrund mit spielenden Kindern.

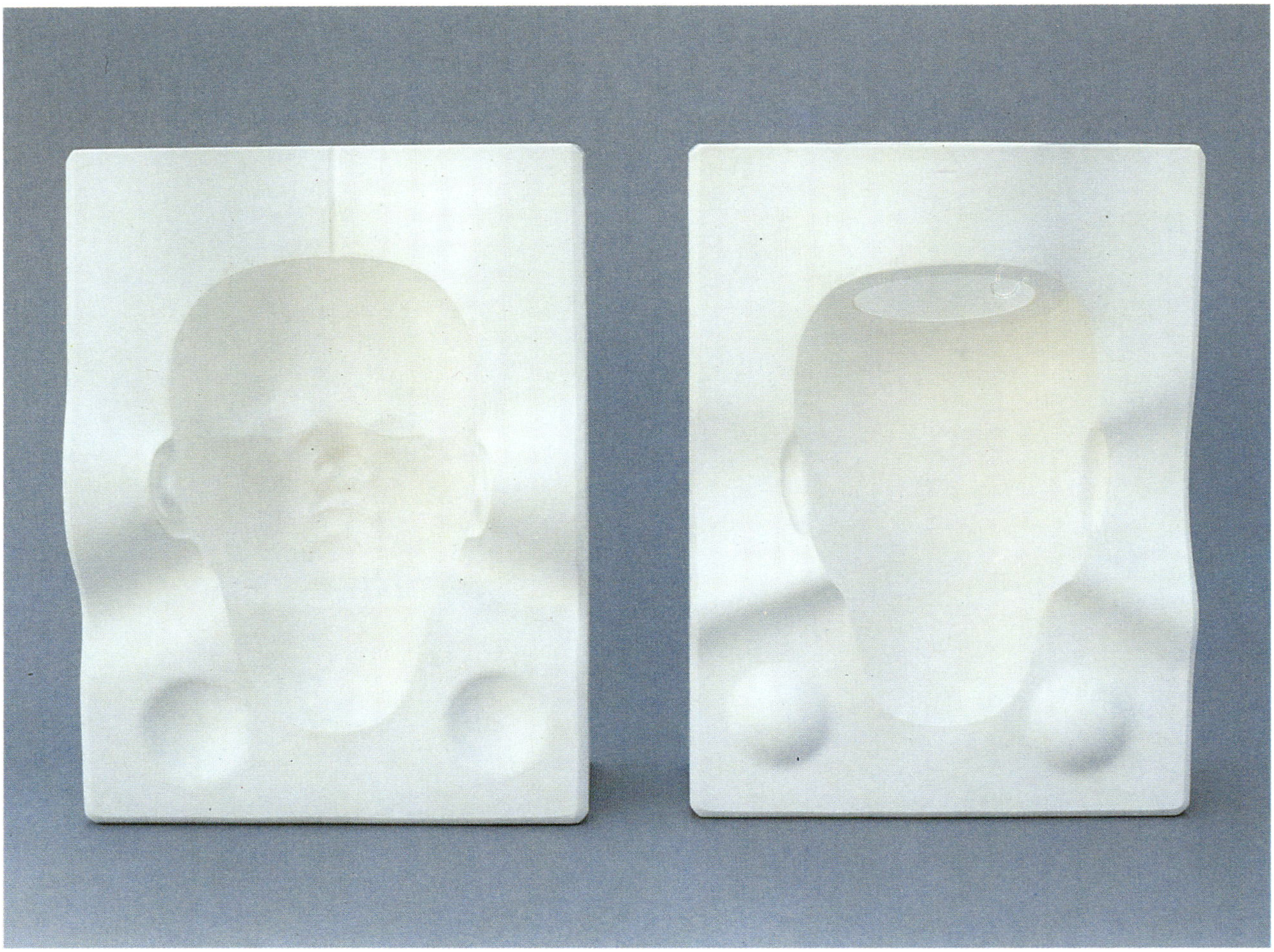

Die Gießform

Die Form muß äußerst sorgfältig behandelt werden. Nie darf sie mit scharfen Gegenständen geöffnet werden. Nach langem Stehen klebt sie eventuell durch Austrocknen zusammen, dann muß sie an der Naht mit Wasser, zum Beispiel aus einer Spritzflasche, angefeuchtet werden. Beim Öffnen darf man sie nicht verkanten, da sonst empfindliche Stellen, besonders bei Handformen, abbrechen können. Die Form muß vor dem Benutzen so trocken sein, daß ein Guß nicht hängenbleiben kann. Eine noch zu feuchte Form fühlt sich sehr kalt an. Sie wird vom Hersteller in der Regel trocken geliefert, wird aber durch häufiges Gießen hintereinander so feucht, daß Abgüsse der Form nicht einwandfrei zu entnehmen sind. Sie darf höchstens bei 40 °C getrocknet werden, da sich sonst die Gipsstruktur verändert. Ich ziehe ein Trocknen an der Luft in jedem Fall vor.

Der wasserentziehenden Eigenschaft des Gipses haben wir es zu verdanken, daß ein Guß in der Art überhaupt möglich ist und der Form entnommen werden kann. Die Form saugt beim Gießen also das Wasser aus der Porzellanmasse und wird demzufolge feucht. Wie oft man ein und dieselbe Form täglich benutzen kann, hängt außerdem etwas von der vorhandenen Luftfeuchtigkeit ab. Schnell entdeckt man, daß es sich nicht bei jedem Wetter gleich gut gießen läßt.

In der Regel werden zweiteilige Formen zum Puppenbau verwendet, die mit breiten Gummibändern zusammengehalten werden. Bei komplizierten Ohren zum Beispiel ist eine mehrteilige oder eine Extraform erforderlich.

Manche Formen, wie die der Jumeau, sind außen mit einem Strich versehen, der sich beim Gießen in der Waagerechten zum Tisch befinden muß, ebenfalls beim Auslaufen der Restmasse. Ein entsprechender Unterbau ist hierfür notwendig, ein Holzklotz in der richtigen Höhe ist geeignet.

Die Porzellanmasse

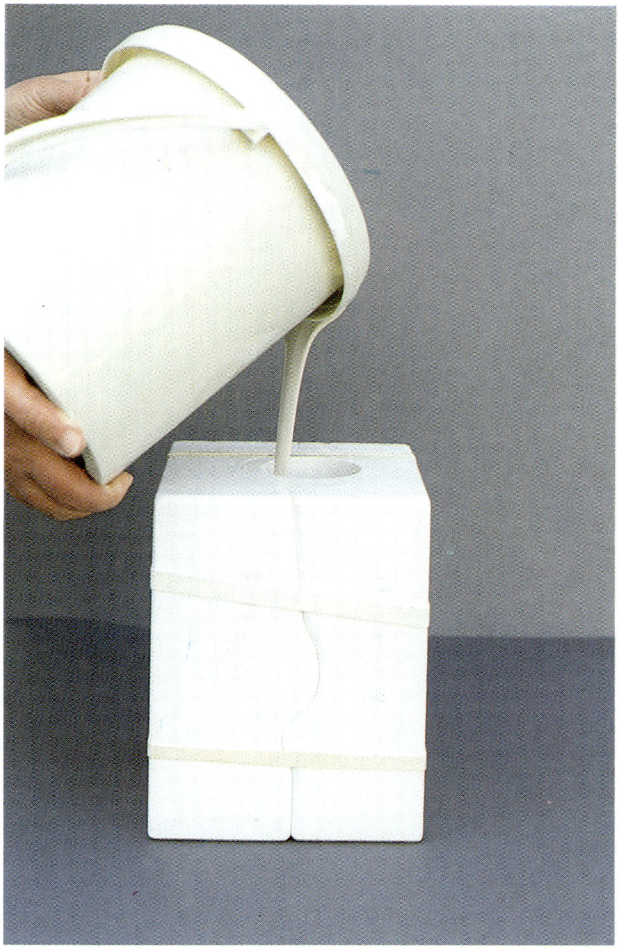

Die Porzellanmasse wird gebrauchsfähig in Kanistern geliefert. Sie ist bedenkenlos sehr lange haltbar, nur bei Frost friert das Wasser aus. Also muß sie im Winter entsprechend gelagert werden. In der heutigen relativ tief brennbaren Hobbyqualität gibt es sie erst seit 1982 in Deutschland. Sie ist in fünf Farbtönen erhältlich:

- ,,fleischfarben" – für das leichtere Puppenmachen der häufigsten Reproduktionen;
- ,,weiß" – eine Herausforderung für den versierten Puppenmacher, den ganzen Kopf nach altem Vorbild zu tönen;
- ,,parisian" – zur Herstellung französischer Puppen besonders geeignet;
- ,,gelb" – Orientalenvolltönung für Anfänger;
- ,,braun" – Negervolltönung für Anfänger.

Die echtere und schönere Art zu tönen findet allerdings nach alter Methode durch einen Farbauftrag und anschließenden Farbbrand statt.

Sinnvollerweise fülle ich die Masse immer vom Kanister in einen verschließbaren Eimer um, in dem sie gut umgerührt werden kann. Sie soll homogen, dick und sahneflüssig sein. Verdünnen mit Wasser ist nur erforderlich, wenn die Formen und daher die Einfüllöffnungen sehr klein sind. Nach dem Umrühren muß solange gewartet werden, bis keine Luftbläschen mehr aufsteigen, denn die würden im Guß als Loch erscheinen.

Die jeweiligen erforderlichen Brenntemperaturen (1220 °C bis 1320 °C) sind auf dem Kanister angegeben. Mit Hilfe von sogenannten Segerkegeln läßt sich die gewünschte Temperatur einstellen, das heißt, der Ofen schaltet bei erreichter Temperatur automatisch ab.

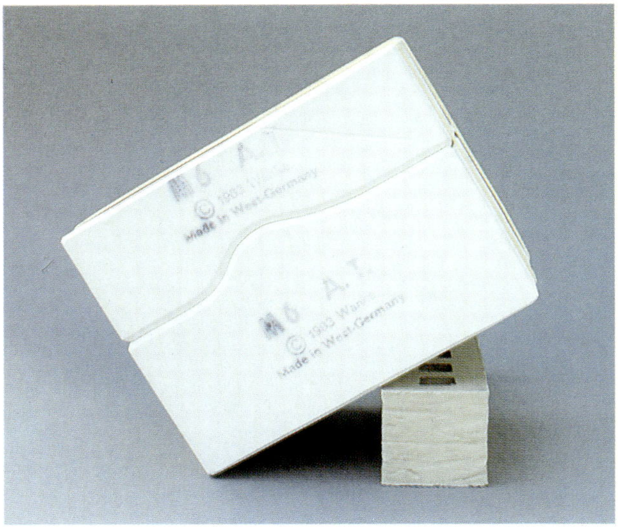

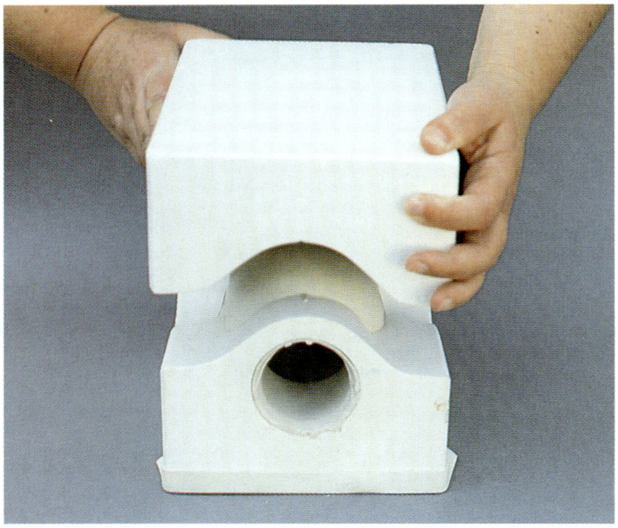

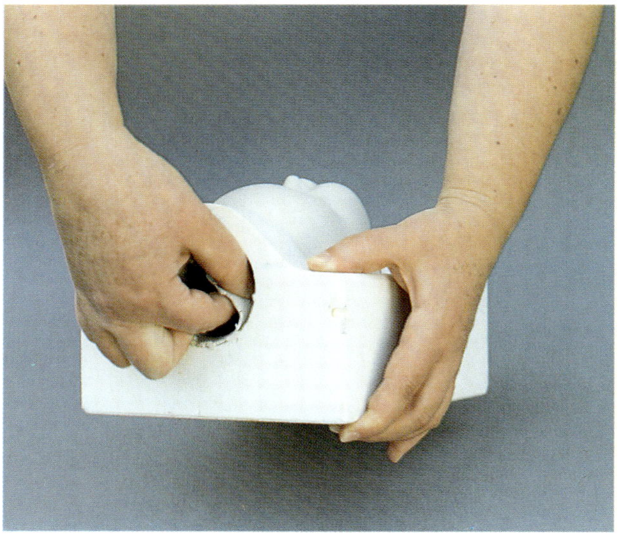

Das Gießen

Es ist selbstverständlich, daß die Form vor dem Gießen peinlich sauber sein muß. Staubteilchen werden mit einem weichen Pinsel entfernt. Die Form wird mit der Einfüllöffnung nach oben gerade oder bei entsprechender Markierung schräg auf einen Tisch gestellt. Nun wird die Masse zügig ohne Absetzen, damit keine sogenannten Gießringe entstehen können, in die Form gegossen. Wie schon erwähnt, zieht der Gips das Wasser aus der Masse, dadurch sinkt der Pegel, der noch etwas aufgefüllt werden kann. Der Puppenkopf erhärtet sich sofort an der Wandung. Je nach Größe und Feuchtigkeitsgrad der Form, den äußeren Witterungsbedingungen und der gewünschten Stärke des Porzellans, beläßt man die Masse vier bis acht Minuten in der Form.

Durch Anheben mit einem Palettenmesser läßt sich die Stärke der schon verfestigten Porzellanwandung am Einfüllstutzen erkennen. Je dünner der Guß ist, um so schöner wird die Puppe. Für den Anfänger ist es aber empfehlenswert, eine etwa 3 mm dicke Wandung zu erzielen.

Damit wir überhaupt einen hohlen Puppenkopf erhalten können, müssen wir nun die überflüssige Masse in einen gesonderten Eimer zurückgießen. (Sie muß vor erneutem Gebrauch durchgesiebt werden, um sie von kleinen Verunreinigungen, wie zum Beispiel Gipsspuren, zu trennen.) Das Ausgießen sollte zwar auch zügig vorgenommen werden, allerdings darf dabei kein Vakuum (hörbares Blubbern) entstehen. Ein Vakuum könnte regelrechte Beulen am Kopf erzeugen. Das ist mir im Laufe der Jahre nur einmal passiert, nämlich bei meinem ersten Guß einer Form mit sehr kleiner Einfüllöffnung. Die Form wird nun bis zum völligen Austropfen mit der Öffnung nach unten auf ein Abtropfbrett oder ähnliches gestellt und mindestens eine Stunde, aber höchstens einen Tag so stehengelassen.

Die Entnahme aus der Form

Zur Entnahme des Kopfes aus der Form wird diese so auf einen Tisch gelegt, daß die Gesichtshälfte oben liegt. (Sicherheitshalber kennzeichnen Anfänger diese Formenhälfte.) Dies geschieht am besten eine Stunde nach dem Guß, wenn sich der Kopf in einem „lederharten Zustand" befindet. Durch vorsichtiges Anheben am Einfüllstutzen, das ist je nach Puppentyp die Hals- oder Kopföffnung, löst sich der Überstand durch leichtes Abreißen von selbst an der entsprechenden Linie oder wird nach Öffnen der Form abgeschnitten. Nach Abstreifen der Gummibänder wird der obere Formenteil sorgsam ohne Verkanten abgehoben. Das hoffentlich ganz unverletzte Gesicht schaut uns an. In diesem lederharten Zustand lassen sich geringfügige Korrekturen vornehmen. Mit dem Finger kann man kleine Kratzer ausbügeln, solange man dabei keine wichtigen Konturen wie bei den Lippen verändert. Ein kleines Löchlein läßt sich mit etwas Masse ausfüllen und später wegschleifen. Für den Anfänger ist das nicht so zu empfehlen, da der Kopf in diesem Zustand noch leicht verformbar ist. Ebenso schwierig ist es, jetzt die Augen auszuschneiden und, nach vollständiger Entnahme des Kopfes aus der zweiten Formenhälfte, die Nähte mit einem nassen Naturschwämmchen zu begradigen. Mit etwas Übung lernt man dies schnell, und es erübrigt sich weitgehend die sonst darauffolgende Bearbeitung des trockenen Rohlings.

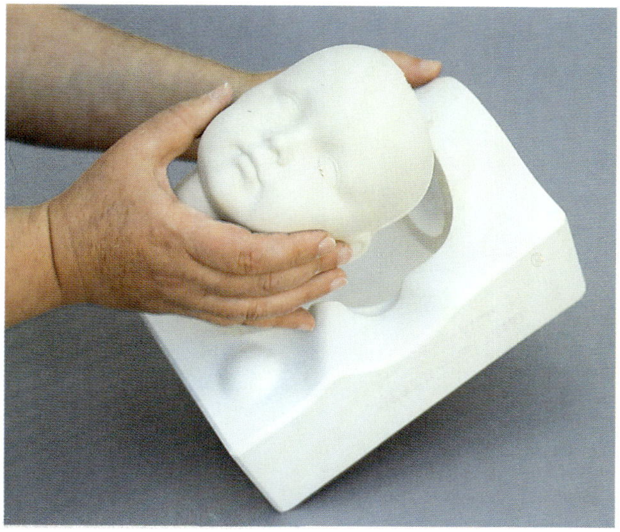

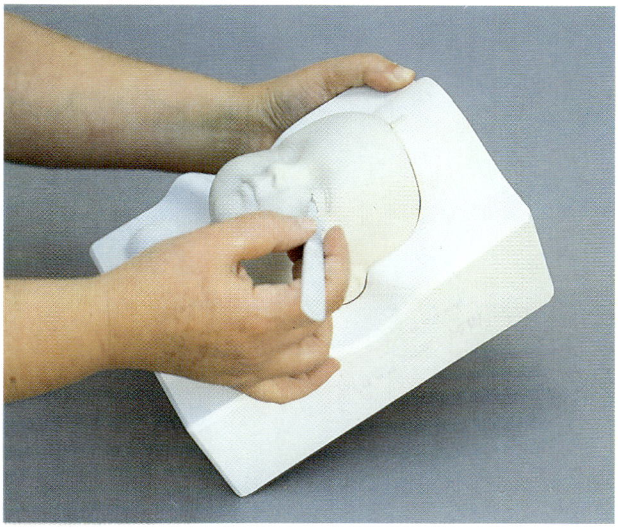

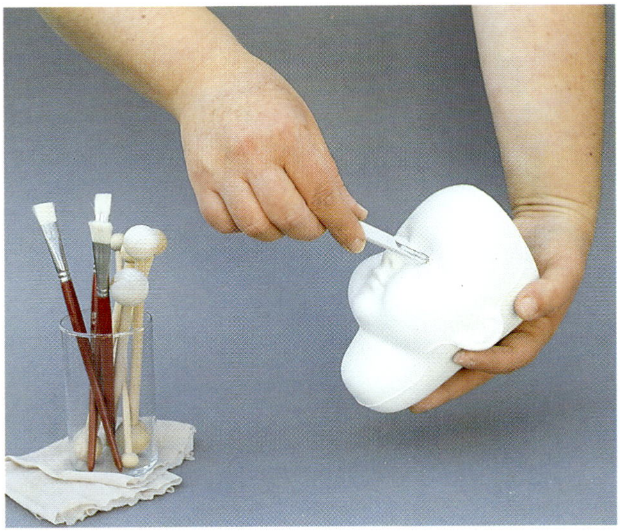

Bearbeitung des trockenen Rohlings

Nachdem der Rohling nach etwa drei Tagen an der Luft trocken und dabei auch weiß geworden ist, kann die Weiterverarbeitung erfolgen. Dazu benötigt man folgende Werkzeuge:
- 1 Skalpell,
- Borstenpinsel verschiedener Stärke,
- 1 dicken, weichen Pinsel,
- Augenwerkzeug (Holzkugeln in verschiedener Augengröße an einem Stiel),
- kleine Stücke eines Perlonstrumpfes.

An einem sicheren Platz läßt sich der Rohling lange Zeit so aufheben. Er ist zwar fest, aber sehr druck- und kratzempfindlich. Winzige, fast nicht sichtbare Risse können entstehen und klaffen dann beim Brennen auf. Sie können auch bei so hoher Temperatur nicht wieder zusammenschmelzen.

Zunächst ritzt man 1 mm vom Lidrand entfernt mit einem Skalpell den Augapfel ein, damit beim Weiterverarbeiten die Augenränder nicht einreißen. Nachdem man in die Mitte ein Loch gebohrt hat, wird der Augapfel vorsichtig von innen her ausgeschnitten, und die Augenränder werden mit einem Borstenpinsel begradigt. Nun nehmen wir eine entsprechend große, mit Perlonstrumpf umwickelte Holzkugel und beginnen damit, vom Kopfinnern aus die Augenöffnung so auszuschleifen, daß wir später problemlos ein Glasauge einsetzen können. Es muß

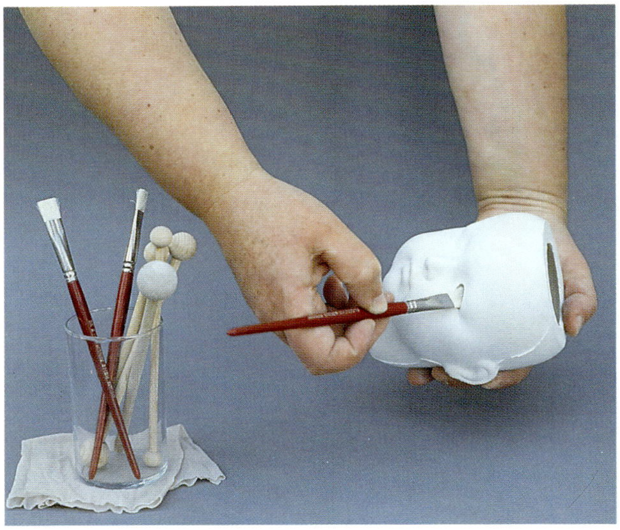

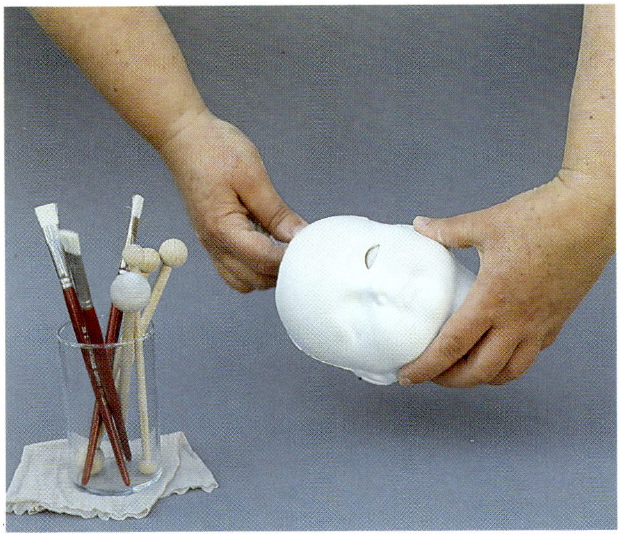

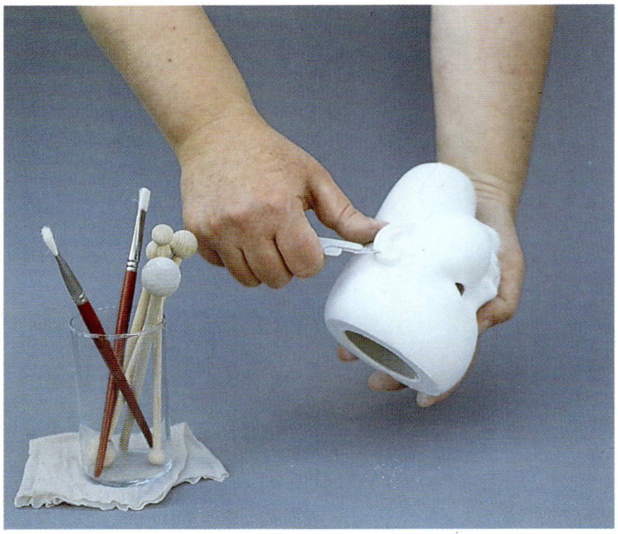

so weit wie möglich durch leichten Druck und Drehen geschliffen werden, aber Vorsicht, das dünne Augenlid kann leicht ausbrechen.

Die Gießnähte werden mit der Rückseite des Skalpells abgeschabt (besonders an den Ohren aufpassen!), mit dem Borstenpinsel begradigt und mit dem perlonstrumpfumwickelten Finger geschliffen. Alle anderen Ränder, wie zum Beispiel die Halsöffnungen, werden ebenso geglättet.

Alle Kurbelköpfe brauchen am Hals eine runde Öffnung (Durchmesser = 2 cm), durch die später der Haken zur Aufhängung an den Körper kommt. Dieses Loch wird genau wie das Auge ausgeschnitten und versäubert. Ebenso werden Mundöffnungen ausgeschnitten, wie zum Beispiel für die beliebte Hilda. Dabei ist besonders auf die kleinen Zähnchen zu achten, die sich bei Beschädigung allerdings später durch im Handel erhältliche ersetzen lassen.

Erwünschte Ohrlöcher werden ebenfalls ganz vorsichtig mit dem Skalpell gebohrt. Auf die Rückseite werden noch Namen und Datum eingeritzt. (Es läßt sich auch später noch mit Farbe signieren.) Der ganze Kopf wird zum Schluß mit dem Perlonstrumpf glattgeschliffen und mit einem weichen Pinsel vom Porzellanstaub befreit. Bei allen Schleifarbeiten sollte ein Mundschutz getragen werden!

An dem Arbeitsaufwand bei den Schleifarbeiten merkt man, wann die Neuanschaffung einer Form erforderlich ist. Durch die häufige Benutzung einer Form und die damit verbundene ständige Arbeit des Wasseraufnehmens und -wiederabgebens verändert der Gips seine Struktur und wird so porös, daß kein einwandfreier Guß mehr zustande kommt.

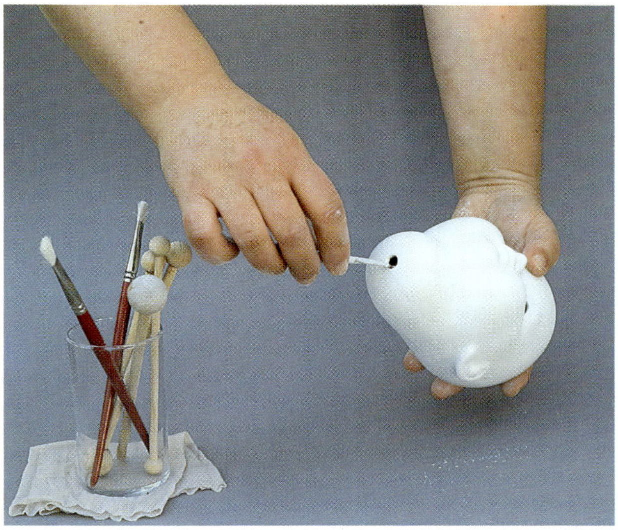

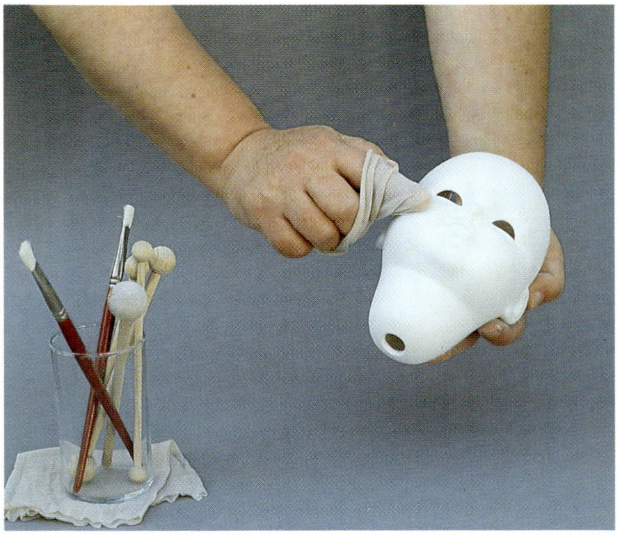

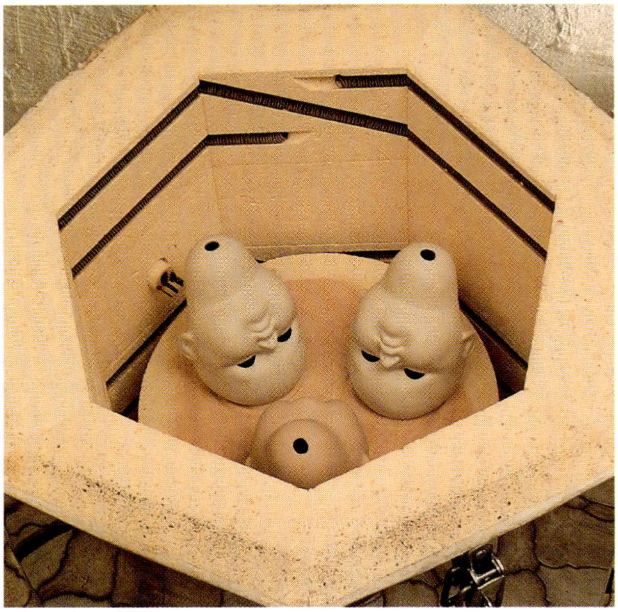

Der Scharfbrand

Nicht zu dicht, da sich die Köpfe beim Brennen minimal bewegen, werden sie auf eine feine Quarzsandschicht in den Ofen gestellt. Durch Einsetzen von Etagenplatten lassen sich viele Köpfe übereinander auf einmal im Ofen brennen. Ein für die verwendete Porzellanmasse erforderlicher Segerkegel wird eingesetzt (üblicherweise Nr. 4a für 1220 °C), und der Brand kann bei anfangs etwas geöffneter Tür beginnen. Eine zu plötzliche hohe Temperatur kann unter Umständen kleine schwarze Pünktchen (Kohlenstoff) auf den Köpfen erzeugen.

Beim Brennvorgang verliert der Rohling sein Restwasser und schrumpft um zirka 15%. Der Ofen schaltet nach etwa drei Stunden aus. Nach vollständiger Auskühlung können die Köpfe entnommen werden. Der Segerkegel muß im rechten Winkel durchgeschmolzen sein, ein anderer Winkel zeigt Unter- oder Überfeuerung an, eine andere Einstellung des Ofenplättchens ist laut Ofenbeschreibung notwendig.

An dieser Stelle angelangt, bin ich immer ganz froh. Die „Dreckarbeit“, wie ich sie nenne, ist getan. Die reine künstlerische Gestaltung kann beginnen. Jeder Pinselstrich wird die Puppe beleben und sie dem gewünschten Ausdruck näher bringen.

Methode zur originalgetreuen Grundierung weißer Porzellanköpfe

Anläßlich des 6. Weltkongresses der Puppenmacher in Heidelberg wurde zur originalgetreuen Grundierung von Porzellanköpfen ein neues Produkt vorgestellt, das als Öl im Fachhandel erhältlich ist. Es bedurfte jahrelangen Forschens, dieses Mittel zu entwickeln, da keine Überlieferungen existieren. Man weiß lediglich, daß die heute kostbaren Antikpuppen damals Massenprodukte waren, die unter denkbar ungünstigen Arbeitsbedingungen in kürzester Zeit hergestellt wurden.

Mit dem neuen Öl lassen sich nunmehr auch weiße Porzellanköpfe, wie sie früher ausschließlich zur Verwendung kamen, wie folgt originalgetreu einfärben: $^3/_4$ blutrote Porzellanfarbe und $^1/_4$ dunkelrote Porzellanfarbe werden mit dem neuen Öl (Copaiva-Paste kommt ihm in der Konsistenz am nächsten) zu einer Paste vermischt. Dann wird etwas Paste in eine kleine Schüssel gegeben, mit Terpentinöl verdünnt und mit Hilfe eines dicken Pinsels verrührt.

Die Farbe, deren Intensität von der Verdünnung abhängt, wird mit dem gleichen Pinsel zügig auf dem Porzellankopf verteilt. Mit einem Baumwollappen wird die überschüssige Farbe mit kräftigen, verteilenden Bewegungen sofort abgewischt und fertig ist die Tönung. Diese Schritte sollten zügig und ohne Verzögerung durchgeführt werden.

Wer in der Bemalung von Porzellanköpfen sehr geübt ist, kann sofort nach dem Trocknen der Tönung die Gesichtsbemalung vornehmen. Nach wie vor ist es aber zu empfehlen, die Gesichtstönung zunächst einzubrennen. Im übrigen ist zur anschließenden Reinigung Spiritus besser geeignet als Terpentinersatz.

Die „French Fashion" (französische Modepuppe) ist eine Nachahmung aus den 70er Jahren des vorigen Jahrhunderts, als die Puppen noch Damen darstellten. Nicht nur Schirm und Hut, auch Nähzeug unter dem Rock gehörten zur Ausstattung. Das echte Biedermeierbett, auf dem sie liegt, bringt uns der Zeit näher.

Die S.F.B.J. 252 als Baby mit rosa Seidenkleidchen und Mohairperücke schmollt uns auf französische Art entgegen.

Jungen unter den Puppen sind selten, eine davon ist die Nr. 116 A von Kämmer & Reinhardt/Simon & Halbig. Diese Puppe heißt bei uns „Wolfgang", nach meinem Sohn, dem sie auch gehört. Ein mit Pinguinen besticktes Hemdchen, die alte schwarze Samthose und die mit Zuckerwasser aufgedrehten Mohairlöckchen kommen der Darstellung einer alten Puppe sehr nahe.

Das Bemalen

Es ist nicht einfach, das Bemalen einer Puppe rein theoretisch zu erklären: Wie halte ich den Pinsel; wie tauche ich ihn in die Farbe; wie setze ich ihn an, um feinste Wimpern zu malen; wie dick wird die Farbe angerührt, damit sie fließt? Würde ich versuchen, es so genau wie möglich zu demonstrieren, müßte ich mich auf eine einzige Puppe beschränken, denn jede wird anders bemalt, eben dem Original entsprechend. Ich habe es vorgezogen, Ihnen eher durch die vielfältige Puppendarstellung einen Anreiz zu diesem Hobby zu geben. Anhand von sehr detaillierten Puppenfotos oder vielleicht mit einer Originalpuppe vor Augen und mit Hilfe von Musterbögen, die nur die Farbgebung und Malanleitung einer bestimmten Puppe beschreiben, gehen wir ans Werk.

Zuvor schleifen wir mit einem Abschleifschwamm den Puppenkopf samtweich, besonders an den zu bemalenden Flächen. Staub- und Sandteilchen werden vom Kopf abgewaschen, und dann wird er gut abgetrocknet.

Um allen Neulingen die Angst vorwegzunehmen: Eine Korrektur ist möglich. Jede fehlerhafte Bemalung läßt sich leicht mit Terpentinersatz wegwischen. Nach gutem Trocknen mit einem Läppchen kann an der Bemalung so lange weitergeübt werden, bis sie dem Original weitgehendst entspricht. Selbst eingebrannte Farbe läßt sich zur Not durch einen Scharfbrand beseitigen.

Nun benötigen wir:

- verschiedene Porzellanfarben in Pulverform,
- Kopaivaöl,
- Lavendelöl,
- reines Terpentinöl,
- Terpentinersatz,
- ein Stück reine Seide und Watte,
- eine Kachel,
- ein Palettenmesser,
- einen Detailpinsel 3/0,
- einen Katzenzungenpinsel.

Wimpern

In der Regel werden alle Wimpern schwarz (eventuell mit einer Spur Weiß) gemalt. Wenig schwarzes Farbpulver wird mit Kopaivaöl im Mischverhältnis 1 : 1 (eher etwas weniger Öl als Farbe) auf einer Kachel mit einem Palettenmesser so gut gemischt, bis eine völlig glatte Masse entsteht. Damit sie gut fließt, wird sie noch mit einem Tröpfchen Terpentinöl verdünnt. Die Farbe muß während der Arbeit immer wieder gut gemischt werden. Die Anzahl, die Länge und der Winkel der Wimpern ist bei den einzelnen Puppen verschieden. Aber wir fangen immer an der Nasenwurzel an und zeichnen schräg nach außen.

Lippen, Nasenlöcher, Tränenkanäle

Hierfür werden Rottöne, meist Pompadurrot verwendet. Durch Verdünnung der wie vorher angerührten Farbe entstehen verschiedene Farbnuancen. Zunächst zeichnen wir die Konturen der Lippen und füllen sie mit dem Katzenzungenpinsel aus. Die Farbe läßt sich durch einen festen Abdruck mit reiner Seide aufhellen und durch erneuten Auftrag (dazu reicht der Farbrest im Mundinnern), wenn erforderlich, an den Lippenbögen wieder verstärken. Das sind die sogenannten Betonungsbögen. Die Nasenlöcher werden mit einem kleinen Tupfer Farbe versehen (nur wenig Farbe nehmen, damit es nicht wie Nasenbluten aussieht). Eine kleine Andeutung der Tränenkanäle ist durch einen winzigen Strich zur Nasenwurzel hin, bei offener Augenhöhle, ebenfalls erforderlich.

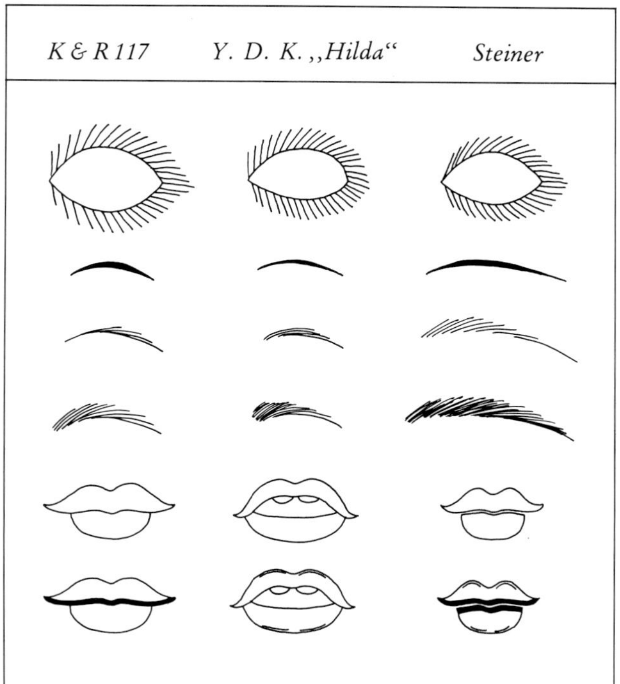

Schema der Bemalung

Augenbrauen

Der unterschiedlichste Aufbau der Augenbrauen ist besonders kennzeichnend für die verschiedenen Puppenmarken. Ganz selten kommen wir mit einem Strich aus, die meisten Brauen sind gefedert. Die Grundlinie muß auf beiden Seiten erst einmal übereinstimmen, bevor der weitere Aufbau vorgenommen werden kann. Außer bei Negerpuppen und Orientalen werden verschiedene Brauntöne (eventuell mit grünen und gelben Farbbeimischungen) verwendet.

Ein wertvolles Originalstück aus dem Wanke-Museum in Limburg: „Mein Liebling“ von Kämmer & Reinhardt 117 aus dem Jahr 1915. Diese Puppe gab uns zum Beispiel heute die Möglichkeit, eine neue Form zu erhalten.

Der Hans von Kämmer & Reinhardt 114 hat Schwierigkeiten mit dem selbstgebastelten Motorrad (aus einem Stubenwagenunterteil) auf diesem unebenen Kopfsteinpflaster zu fahren. Seine Kleidung habe ich ihm aus einer alten Lederjacke genäht. Schuhmachermeister R. Fenchel hat ihn mit den einmalig schönen Motorradstiefeln ausgerüstet.

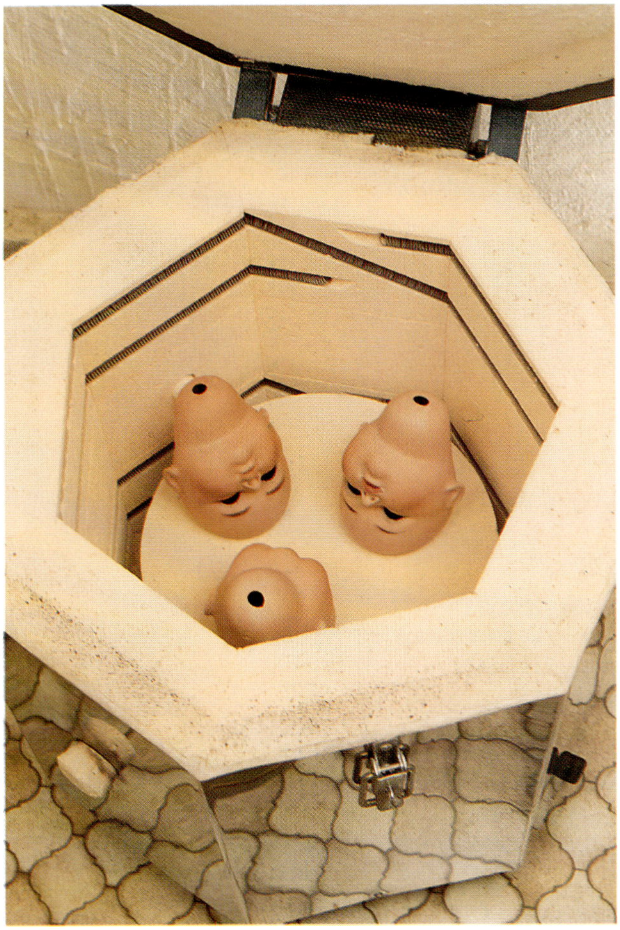

Der Farbbrand

Der Farbbrand kann je nach Geschicklichkeit nach jeder Bemalung vorgenommen werden. Dem Anfänger gibt das Sicherheit. Für den Farbbrand bei 720 °C wird ein Segerkegel Nr. 018 eingesetzt. Die Brenndauer beträgt etwa eine Stunde. Bei aller Geschicklichkeit muß nach meiner erlernten alten Methode aber spätestens ein Farbbrand erfolgen, bevor man die Wangentönung vornimmt. Somit erzielt man das bestmögliche Ergebnis.

Tupftechnik

Bei der Flächenbemalung für Wangen und Haare und einer Ganztönung für Orientalen und Neger wendet man eine Tupftechnik an. Die Farbe, zum Beispiel Blutrot für die Wangen, wird nur mit Kopaivaöl zu einer festen Paste angerührt. Die zu tönende Fläche reibt man mit ein wenig Lavendelöl am Finger ein. Zuviel Öl löst die Farbe und zu wenig gibt Flecken oder harte Abgrenzungen. Die richtige Menge findet man schnell heraus. Die aufgetragene Farbpaste wird mit einem sogenannten Wattestempel (ein kleiner Wattebausch wird mit einem Stück Seide umhüllt) auf kräftig klopfende Weise abwechselnd auf beiden Seiten gleichmäßig verteilt. Bei den Wangen läßt man die Farbe außen zarter auslaufen, während in der Mitte eine kräftigere Betonung liegt. Ganztönungen müssen natürlich gleichmäßig getupft und sogar zweimal eingebrannt werden.

rechte Seite
Die zwei Babys im Heu von 1926 verdeutlichen die Änderung des Schönheitsideals für Puppen aus jener Zeit. Links eine Hermann Steiner, rechts ein Junge von Simon & Halbig/ Adolf Hülst, der uns mit seinen Schelmenaugen frech ansieht.

oben
Der kleine Zigeuner von Heubach/Köppelsdorf 452 (ca. 1920) war nur noch mit einem Jäckchen bekleidet, als ich ihn bekam. Ich ergänzte seine Kleidung, damit er auf seinem Hochsitz nicht frieren muß.

rechte Seite
Meine persönlichen Lieblinge, die kleinen „Hilda"-Negerinnen von Kestner (J.D.K.) haben sich im Urwald verirrt. Die Puppe mit der Zopfperücke erhielt beim 3. GDS-Kongreß 1985 in Brighton (Großbritannien) die Silbermedaille.

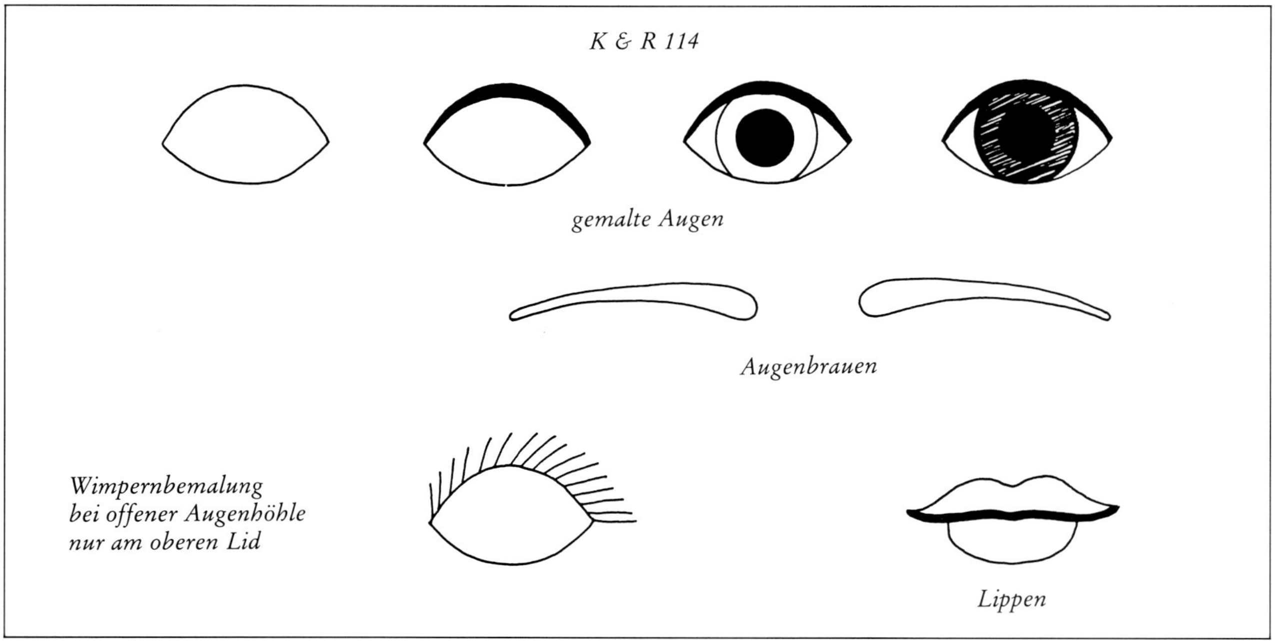

Gemalte Augen

Einige Puppen, wie zum Beispiel „Hans und Gretchen", die Nr. 114 von Kämmer & Reinhardt, gab es zunächst mit gemalten Augen. Hierfür wird beim Rohling der Augapfel natürlich nicht ausgeschnitten. In zwei Schritten wird das Auge gemalt. Mit Schwarz werden der Lidstrich, die zarte Irisumrandung und die Pupille gemalt. Nach dem Farbbrand schattiert man die Iris mit brauner oder blauer Farbe und brennt erneut.

Der fertig bemalte Kopf

Die meisten Leute verstehen unter einem Puppenbau, daß man einzelne Teile zusammenbastelt und dann anzieht. Oft schon wurde ich gefragt: „Und wo haben Sie den Kopf her?" Daß dieser Kopf die Hauptarbeit ist, wurde aus vorangegangener Beschreibung wohl ersichtlich. Da wir das wichtigste Teilstück einer Porzellankopfpuppe in der Hand haben, können wir nun den *Zusammenbau und die Fertigstellung der Puppe* vornehmen.

rechte Seite
Das Gretchen von Kämmer & Reinhardt 114 steht mit ihrem handbestickten Kleidchen (aus einem original alten Frisierumhang) in einem offenen Gebälk eines Fachwerkhauses und wirkt ganz verträumt durch ihre gemalten Augen und ihren kleinen Schmollmund.

Ein Mädchen von Kestner aus dem Jahr 1898 mit Brustblattkopf, Porzellanarmen und -beinen und Wachstuchkörper. Die Puppen aus dem vorigen Jahrhundert waren viel schlanker und größer in den Körperproportionen.

Wie kommt die recht große Dame von Kämmer & Reinhardt/ Simon & Halbig 117n in diese Scheune voller Antiquitäten? Auch in dieser Umgebung schaut sie uns mit ihren 72 Jahren in ihrem cremefarbenen Spitzenkleid noch majestätisch an.

Die Glasaugen

Die gute, beziehungsweise die beste Qualität der Augen ist entscheidend für den Ausdruck der Puppe. Am schönsten sind alte Glasaugen. Diese wurden für die heutigen Glasbläser zu einer Herausforderung. Es dauerte einige Jahre, den damaligen Standard wieder zu erreichen. Sicher haben wir durch die hohen Anforderungen, die wir an unsere Puppen stellen, auch dieses Handwerk neu belebt. Wer jemals einem Glasbläser bei der Arbeit zusah, fragt nicht mehr, warum es kaum ein völlig übereinstimmendes Augenpaar gibt.

Heute gibt es vielfältige Ausführungen in verschiedenen Qualitäten und Farben: Glas-, Kristallglas-, Paperweight-, Schlaf- und mundgeblasene Augen. Kunststoffaugen sind sehr billig, werten eine Puppe aber stark ab. Beim Auswählen der Augen muß man schon an den Gesamtausdruck der Puppe denken, zum Beispiel gleich die Perücke in ihrer Farbe und Art berücksichtigen.

Das Augeneinsetzen

Um die Iris der ausgewählten Augen wird etwas geschmeidiges Augeneinsetzwachs gelegt, das zum Fixieren des Auges im Kopf und zum Abdichten gegen den Gipsbrei geeignet ist. Dann wird das Auge zwischen Zeige- und Mittelfinger gelegt oder mit einem Augenwerkzeug in die Augenhöhlen eingepaßt. Es kann durch die Wachsfixierung nun in die richtige Stellung (den richtigen Blick) gebracht werden und wird anschließend eingegipst. Wachsreste werden nach Erhärtung des Gipses mit Terpentinersatz entfernt. Das Einsetzen von Schlafaugen erfordert neben einiger Übung großes Geschick und bedarf fachmännischer Anleitung.

rechte Seite
Bru Jne 11, 58 cm groß, Porzellanschulterplatte, Porzellanarme und -beine, Lederkörper gestopft mit Sägemehl, Mohairperücke. Rotes Kleid aus alter Bettwäsche, Spitzen sind aus gestickter Gardine herausgeschnitten. Die Strümpfe wurden aus alten Seidenhandschuhen genäht. Hut und Schuhe sind aus breitem alten Satinband.

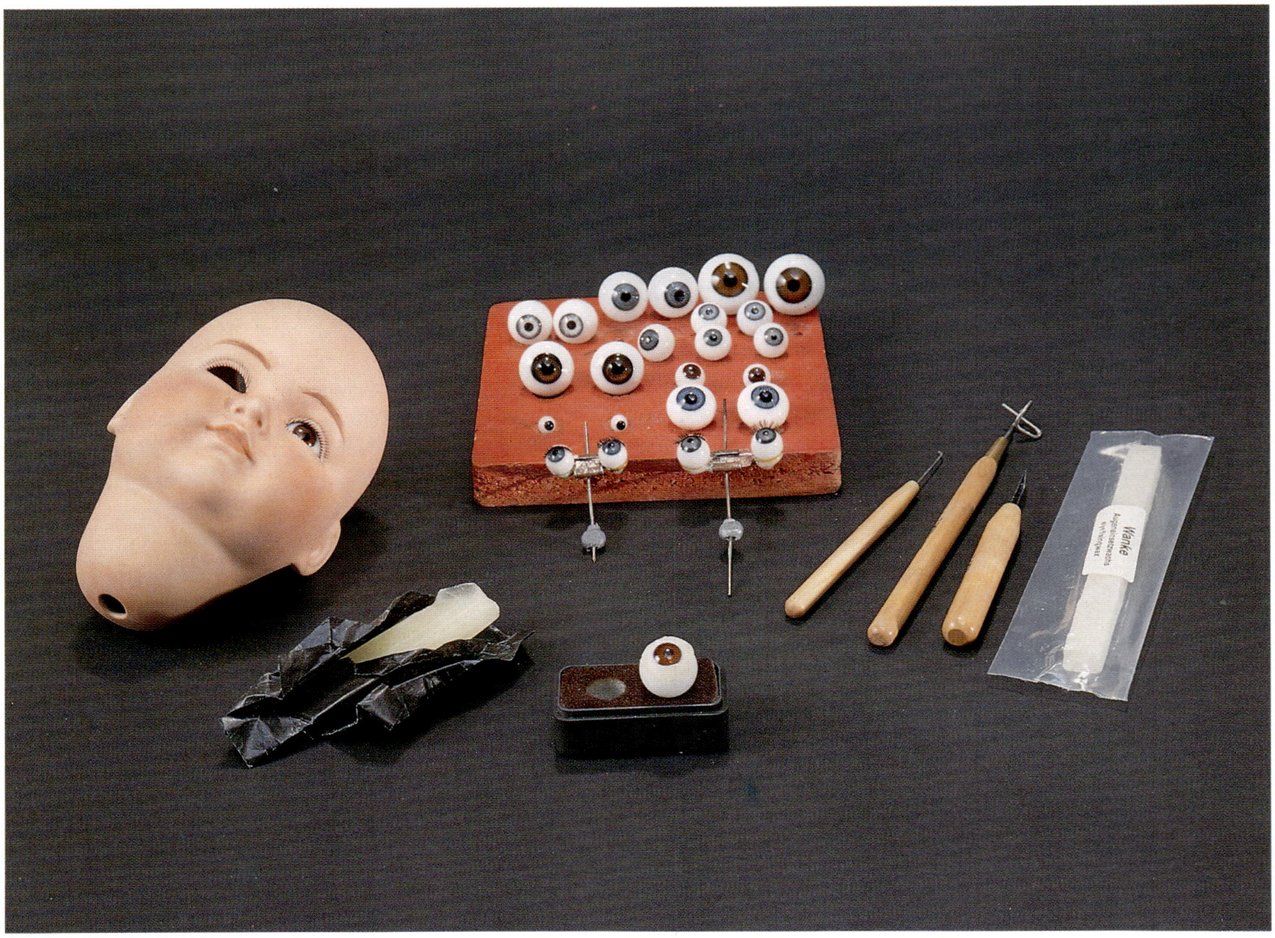

Der Körper

Die meisten Porzellankopfpuppen werden mit einem Doppelgelenkgliederkörper versehen. Auch diese gibt es in vielen Qualitäten. Die billigsten aus Taiwan werden in der heute sehr verbesserten Ausführung am meisten gekauft. Die teuersten, die in deutscher Handarbeit hergestellten (nach altem Waltershäuser Originalrezept), sind natürlich die besten.

Aus Backofengießmasse lassen sich mit Hilfe eines Formensatzes auch selbst wunderschöne Gliederkörper herstellen. Es gibt auch Formen für Hände, Arme, Beine und Brustplatten, die durch einen Lederbalg beziehungsweise Stoffkörper komplettiert werden.

Babykörper gibt es in Stoff mit Porzellanhänden für die Einbindeköpfe (Ringhalsköpfe) oder aus Kompositionsmasse für Kurbelköpfe. Alle Kurbelköpfe werden mit einem Haken am Körper befestigt.

Einbindekopf *Kurbelkopf*

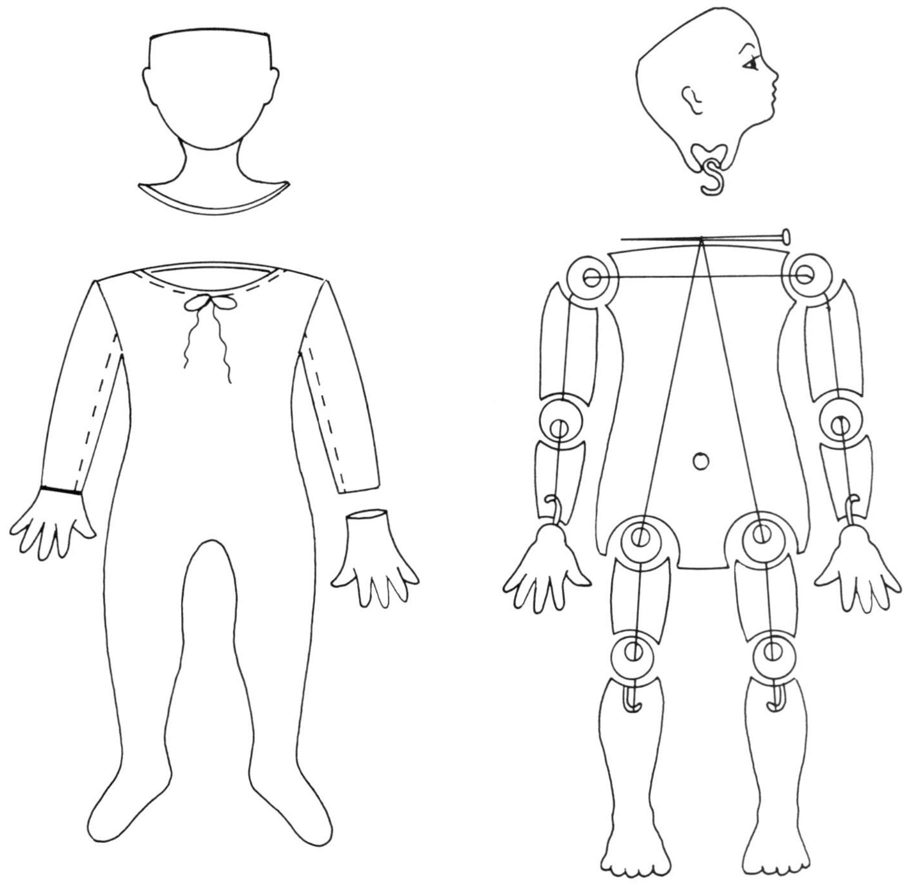

mit Stoffhänden und Porzellanhänden *mit Doppelgelenkgliederkörper*

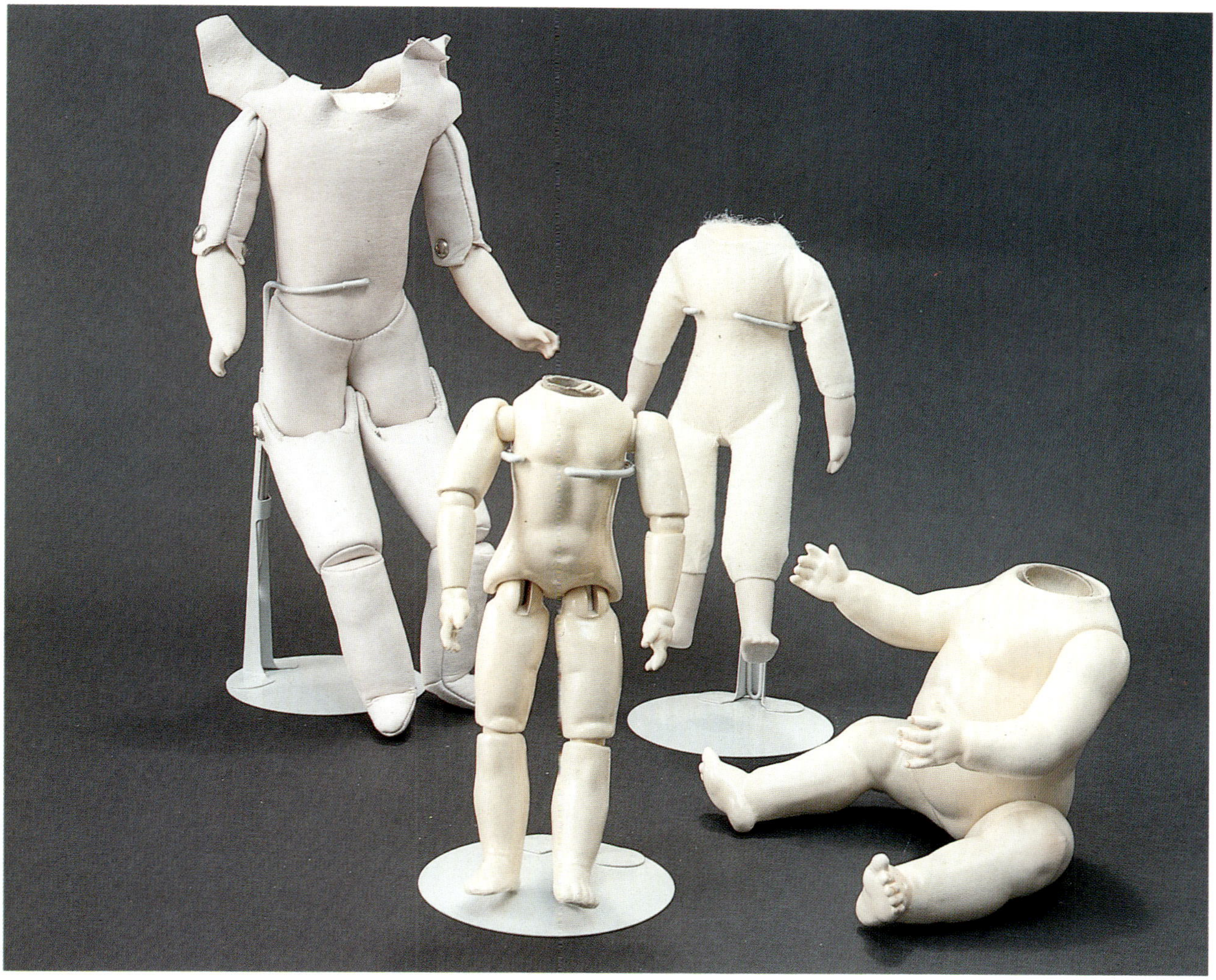

Die Perücke

Die Auswahl an Perücken ist riesengroß. Alle Farben, in Kunst- oder Echthaar und in verschiedenen Mohairqualitäten, in kunstvoll hergerichteten Frisuren stehen zur Verfügung. Die französischen Perücken sind besonders anspruchsvoll. Ich glaube, daß in erster Linie die Preisunterschiede die schwierige Entscheidung bei der Auswahl treffen. Eine echte alte Perücke zu finden, ist ein Glücksfall.

Mit etwas Geschick lassen sich Perücken auch selbst machen. Auf einen entsprechenden Unterbau aus Gaze werden nach Wunsch Haartressen aufgenäht, die es zu kaufen gibt. Ich trenne dazu gerne große, gebrauchte Perücken auf und benutze diese Tressen.

Die Perücke wird mit Hilfe eines Kopfdeckels aus Pappmaché (Korkkopfdeckel bei französischen Puppen) am Kopf festgeklebt. Ich persönlich klebe die Perücken nicht fest. So kann man sie eventuell mal auswechseln, und außerdem geht das Ankleiden der Puppen ohne Perücke auch besser.

rechte Seite
Ein romantisches Puppenkind von Kestner 164 mit original Mohairperücke und original Kleidchen sitzt wie im Jahre seiner Geburt um 1900 auf einem Gartenstuhl im wildgewachsenen Garten hinter der Mühle.

Kleidung, Schuhe, Hüte

Die Ausstaffierung einer Puppe ist, wenn man nicht alles fertig kaufen will, eine weitere Herausforderung. Ein ganz neues Hobby für sich. Dazu gehört ein kleines Modestudium der letzten 100 Jahre. Wenn, wie bei mir, das Interesse für alte Stoffe, Spitzen und Bänder vorhanden ist, kann die Sammlung nie groß genug sein. Es dauert manchmal lange, bis das gesamte Zubehör für eine Puppe zusammengetragen ist. Da es gegen die Berufsehre einer gelernten Schneiderin geht, aus ,,Fetzen" und zu kleinen Resten ein Kleid zu zaubern, das vielleicht sogar noch ein Löchlein irgendwo hat, bin ich bei dieser Art zu schneidern ziemlich auf mich selbst angewiesen. Allerdings sehen die so gekleideten Puppen besonders alt aus und bekommen den gewissen Charme derer, mit denen schon 80 Jahre gespielt wurde.

Eine andere, sehr aufwendige Möglichkeit will ich an folgendem Beispiel demonstrieren. Diese Zusammenarbeit ist gleichzeitig ein Beweis für *Puppenfreundschaft:* Der berühmte *Schuhmachermeister Richard Fenchel* war nach einiger Überredungskunst bereit, mir Knopfstiefel nach altem Vorbild zu fertigen. Ein wirklicher orthopädischer Puppenschuh, zu dem der passende Leisten geschnitzt werden mußte. Einige dieser kleinen Kunstwerke darf ich mein eigen nennen.

Das Korsett wurde nach altem Vorbild von einer *Korsettmacherin* genäht und anschließend von der *Puppenmacherin Eleonore Herbst* in mühevoller Handarbeit bestickt. Die Perücke wurde von der *Friseurmeisterin Erna Ebling* handgeknüpft.

Die restliche Ausstattung, wie zum Beispiel der Hut, ist von mir. An dieser Puppe sollte einmal das gezeigt werden, was normalerweise durch die wunderschöne Kleidung verdeckt wird. Jede Puppe ganz exklusiv auszustatten, ist ein großer Wunsch von mir, um sie eines Tages in einem Museum zu präsentieren.

1860
1880
1900
1920
Entwurf: Eleonore Herbst

Meine größte Puppe (95 cm) von Simon & Halbig 1079 aus dem Jahr 1895. Der original Reiterhut animierte mich zum Nachschneidern des Reiterkostüms. Neben ihrem Pferd stehend, bietet die Puppe eine stattliche Erscheinung.

Das große Mädchen mit der selbstgemachten rotblonden Perücke und der Schleife im Haar, wie es damals Mode war, ist eine Kämmer & Reinhardt 117. „Mein Liebling", wie man sie nannte, schiebt ein Zwillingspärchen von Heubach (Pfeifer) im original alten Puppenwagen spazieren.

Künstlerpuppen

Es gibt unerreichbar gute Puppenmacherinnen auf der Welt. Sie sind dazu berufen, wahre Kunstwerke zu vollbringen. Eigentlich nahmen mir diese Vorbilder den Mut, eine eigene Puppe zu entwerfen. Künstlerpuppen können aus allen Materialien hergestellt werden, nur Entwurf und Idee dazu müssen ureigen sein. Man braucht also eine zu den Reproduktionspuppen völlig konträr stehende Grundidee.

Neben den Wachspuppen sind die Porzellanpuppen sicher am schwierigsten herzustellen, aber gerade diese hatte ich im Laufe meiner Arbeiten besonders schätzen gelernt. Meine Neugierde war groß, und ich ließ mich von der bekannten amerikanischen Puppenmacherin *Astry Campbell* (die außerdem Dozentin für Bildende Künste ist) in meine eigene Puppenwelt einführen. Es waren harte Erfahrungen, die ich da sammeln mußte. Der erste Kopf sah immer wieder wie ein Gorilla aus. Als das Modell aus Versehen auf die Nase flog, sah es vollends aus wie ein Gorilla, und ich hatte während dieses Kurses meinen Spitznamen weg.

Es muß also unter Beachtung der menschlichen Anatomie ein Modell aus Plastillin gebaut werden. Mit Hilfe dieses Modells wird aus Gips eine Form hergestellt. Das ist eine zweite Wissenschaft für sich. Haben wir erst eine gute Form, folgen alle wie vorher beschriebenen Arbeitsvorgänge, allerdings nach eigenem Ermessen, auf keinen Fall irgendwo anders abschauen als von der Natur.

Meine erste Puppe wurde der Walter Tell, da zu der Zeit der GDS-Kongreß in Luzern stattfand. Er gewann in der Amateurgruppe den 1. Preis. Ebenfalls eine Goldmedaille bekam das große Mädchen ein Jahr später in Brighton in der Gruppe der mechanischen Puppen. (Aus Zeitmangel ließ ich mir die Mechanik nach meiner Idee anfertigen.) Mein kleiner Sohn Wolfgang stiftete mich zu dieser Puppe an. Er wollte endlich mal einen richtigen Kumpel haben.

Schön aussehende Puppen zu modellieren, ist nicht mein Bestreben, sie sollen urig sein und ein Gelächter auslösen. Das Lachen über meinen ersten „Gorilla" wird mir wohl ewig im Ohr klingen. Ein wenig von meinem Vorhaben bin ich bei den drei kleinen Damen abgekommen, aber zumindest sollten sie menschlich und nicht nur puppenhaft aussehen.

Ein weiteres Ziel von mir ist es, Puppen aus aller Welt zu machen. Eine Indianerin, die ihr Kind stillt, ist bisher der Anfang. Noch viele Puppen schwirren in meinem Kopf herum, die zur Verwirklichung meines großen Traums von einem Museum hergestellt werden müssen.

Künstlerpuppen: Ein Geschwisterpaar sitzt in einem original Wagen, vor den eine Ziege gespannt wurde. Der ideale Hintergrund für die beiden „Gören" ist das Eingangstor zur alten Hildmühle in Walluf. Beim 3. GDS-Kongreß 1985 in Brighton erhielt das Mädchen eine Goldmedaille. (Die Puppe dreht beim Laufen den Kopf nach beiden Seiten.)

oben
Weil sie so bestechend schön aussah, kaufte ich diese, meine erste alte Puppe von 1902 (A. W. „My Sweetheart", B. J. & Co). Ihre echten alten Haare reichten fast bis zur Erde, bevor ich sie zu einer damenhaften Frisur hochsteckte. Wahrscheinlich ist der Kopf bei der deutschen Firma Illfelder für den Export nach Amerika hergestellt worden.

rechte Seite
Künstlerpuppe: „Walter", der Sohn Wilhelm Tells, bekam beim 2. GDS-Kongreß 1984 in Luzern in der Amateurgruppe die Goldmedaille.

Das Kinderwelt-Museum

In dieses geplante Museum gehören Kinder- und Puppenmöbel, Puppenwagen, Schaukelpferde, Puppenküchen, -stuben und -häuser, Kaufläden, Marionettentheater, Karusselle, Teddybären, Stofftiere und natürlich in der Hauptsache unzählige alte Puppen und auch neue zur Ergänzung.

1987 habe ich mit meiner Sammlung die ganze Schaufensterfront eines großen Kaufhauses in Mainz gestaltet. In dieser gelungenen Dekoration konnte der Grundstock zu einem Museum gezeigt werden. Durch zahlreiche Einzelausstellungen habe ich bisher immer mehr Menschen für diese Idee begeistern können.

Kindern soll hier nicht nur die Geschichte unserer Vorfahren demonstriert werden. Sie können mitten in dieser Umgebung sinnvoll beschäftigt werden und ein Stück heile Welt neben unserer technisierten Zeit voller Monster erleben. Im Rahmen des Museums sollen außerdem auch Vorträge für Erwachsene gehalten werden und Seminare über sinnvolle Freizeitgestaltung stattfinden. Die „Mühle der schönen Künste" in Walluf war hauptsächlich der natürliche Hintergrund für die Bilder in diesem Buch, es wäre auch das geeignete Domizil für ein Kinderwelt-Museum neben der Kinderkunstschule.

Die Stadt Alzey ist von meinem Vorhaben ebenfalls begeistert. Die dortige Museumserweiterung bietet sich hierfür geradezu an. Mit etwas Glück und Unterstützung kann mein großer Traum unter Umständen bald erfüllt werden.

Vielleicht darf ich Sie, liebe Leser, eines Tages in einem geeigneten Rahmen in der Puppenwelt begrüßen.

rechte Seite
Gemeinsam promenieren zwei Französinnen vor dem Biebricher Schloß in Wiesbaden. Links eine J. Steiner, rechts eine Crescent Bru.

Die Wertschätzung von Puppen

Die deutsche Puppenindustrie und ihre Wertschätzung

Im Gegensatz zu den französischen Firmen, die in der Herstellung der Porzellankopfpuppen über einen nur verhältnismäßig kurzen Zeitraum von ca. 20 Jahren führten – und zwar ungefähr bis zur Jahrhundertwende –, konnten einige der großen deutschen Produzenten ihre Betriebe und ihre Stellung in der Puppenindustrie über mehrere Generationen erhalten.

Die wohl älteste der weltbekannten Fabriken wurde 1816 von J. D. Kestner in Waltershausen, Thüringen, gegründet. Auch wenn anfangs einfache Holzglieder- und Papiermachépuppen hergestellt wurden, so vergrößerte sich das Unternehmen enorm durch den Zukauf der Porzellanfabrik in Ohrdruf. Damit wurde die Produktion der berühmten Kestnerpuppen eingeleitet, die wegen ihres guten Porzellans hochgelobt werden. Besondere Anerkennung finden auch die schönen Babypuppen, die heute sehr hohe Preise erzielen.

Am gleichen Ort residierte die Puppenfabrik Kämmer & Reinhardt, die im Jahre 1885 gegründet wurde.

Im Jahre 1885 wurde die Puppenfabrik Heinrich Handwerck gegründet. Sie zählte alsbald zu den großen und bekannten Firmen und war schärfster Konkurrent von Kämmer & Reinhardt. Als 1902 der Firmengründer starb, ging seine Fabrik in den Besitz von Kämmer & Reinhardt über.

Durch den Zusammenschluß mit der Porzellanfabrik Simon & Halbig in Gräfenhain wurde Kämmer & Reinhardt nach der Jahrhundertwende schließlich zur berühmtesten Puppenfabrik überhaupt. Besonders begehrt sind heute die Charakterpuppen der 100er Serie, die ab 1909 produziert wurden, wobei zum Beispiel die Puppe mit der Nr. 117 Spitzenpreise bis zu DM 30 000,– erzielt. Der absolute „Renner" der Firma scheint die Baby- oder Kleinkindpuppe Nr. 126 zu sein, obwohl sie in allen möglichen Variationen, das heißt mit verschiedensten Körpern, hergestellt wurde.

1921 gründete Heinrich Handwerck jr. eine neue Fabrik in Gotha bei Waltershausen und arbeitete wiederum eng mit Simon & Halbig zusammen, wo er auch nach seinen eigenen Entwürfen Puppenköpfe herstellen ließ. Auch diese Handwerck-Puppen sind von hoher Qualität, allerdings sind keine spektakulären oder ausgefallenen Typen zu verzeichnen.

In und um Waltershausen gab es noch weitere berühmte Puppenfabriken, wie zum Beispiel diejenige von Bruno Schmidt, der seine Köpfe in der renommierten Porzellanfabrik Baehr & Proeschild, die er später aufkaufte, anfertigen ließ. Die älteren Puppenköpfe wurden in Anlehnung an die französischen Modelle gefertigt und daher oft fälschlicherweise auch für solche gehalten. Weiterhin zu nennen wären König & Wernicke, Adolf Hülß, Adolf Wislizenus, Franz Schmidt, Kley & Hahn sowie C. F. Kling & Co.

Der absolute Mittelpunkt der Spielzeugwelt war jedoch das 100 km weiter südlich gelegene Sonneberg mit der wohl größten Puppen- bzw. Porzellanfabrik von Armand Marseille in Köppelsdorf. Die Fabrik bestand von 1884 bis 1949 und wurde von Hermann Marseille, dem Sohn des Firmengründers, vermutlich aus politischen Gründen aufgegeben. Sie wurde in Sonneberger Porzellanfabrik umbenannt und somit waren die berühmten Initialen AM ausgetilgt.

In der Fabrik von Armand Marseille wurden wohl mit Abstand die meisten Puppenköpfe gefertigt, die durchweg von feinstem Porzellan waren. Er belieferte vorwiegend den amerikanischen Markt. Die Serienproduktion von Armand Marseille war sehr umfangreich – der Kopf mit der Nr. 390 wurde wohl ununterbrochen fast 40 Jahre lang hergestellt –, so daß verhältnismäßig wenige Charakterpuppen darunter waren. Diese raren Exemplare sind allerdings außergewöhnlich schön und recht ausgefallen.

Die heutigen „großen" Puppensammler verübeln ihm vermutlich immer noch die „Massenproduktion", denn Puppen aus Armands Werkstatt werden noch immer mehr oder weniger ignoriert.

Neben Armand Marseille bestanden in und um Sonneberg herum weitere sehr bekannte Werke, wie dasjenige von Ernst Heubach in Köppelsdorf. Hier wurden die naturgetreuesten Negerpuppen hergestellt.

Auch die Firma Gebrüder Heubach in Lichte war nicht weit entfernt. Diese Fabrik lebte wohl weniger von der Masse, als vielmehr von der Qualität. Sie brachte viele Charakterpuppen aus sehr feinem, hellen

Zwei Armand-Marseille-Puppen im Kinderwagen. Vorne aus der häufigen 390er Serie von 1920, hinten die Seriennummer 370 von 1900.

Porzellan mit außerordentlich schönen Kindergesichtern heraus.

Weiterhin zu nennen wären die Firmen Cuno und Otto Dressel in Sonneberg, sowie Ravalo (Gebrüder Ohlhaver) in Sonneberg und Hamburg. 1925 soll dies die größte Puppenfabrik in Sonneberg gewesen sein. Die Puppenköpfe ließen sie bei Heubach in Köppelsdorf, in der Porzellanfabrik Mengersgereuth, und bei den Gebr. Heubach in Lichte herstellen.

Was die Puppenkörper betrifft, so sind die Kugelgelenkkörper aus Frankreich zu uns gekommen. Sie wurden in der Puppenfabrik Jumeau entwickelt. Adolf Wislizenus aus Waltershausen brachte einen solchen Körper aus Frankreich mit und bald darauf entwickelten mehrere ortsansässige Firmen ihre eigenen typischen Walthäuser Gelenkkörper. Auch in Sonneberg gab es bald die neuen Kugelgelenkkörper, jedoch trieb die Körperherstellung hier manchmal merkwürdige Blüten: Da die Amerikaner den Preis einer Puppe nach ihrer Länge festlegten, wurde ganz einfach der ,,Stockoberschenkel" unverhältnismäßig und unproportional verlängert.

Insgesamt bleibt festzustellen, daß die deutsche Puppenindustrie in etwa von 1880 bis 1940 Weltgeltung besaß.

Die französische Puppenindustrie und ihre Wertschätzung

François Theimer ist Experte für die Wertschätzung französischer Antikpuppen. Seiner Meinung nach dürfen Puppen nicht nur nach ihrer Schönheit, sondern sollten nach ihrer Originalität bewertet werden. Nur im Zusammenhang mit der Geschichte der Herstellerfirmen kann der Wert einer Puppe ermessen und eine zeitliche Zuordnung vorgenommen werden.

Zur Einschätzung von Puppen wird in erster Linie die Originalität herangezogen, das heißt, der Kopf muß zum Körper passen. Erst an zweiter Stelle stehen die Kleidung und die Perücke. Dann begutachtet man die Augen: Sind sie im Original feststehend oder mit Schlaf- bzw. Schelmenaugenmechanismus versehen? Zu bestimmten Zeiten war es in Frankreich üblich, blaue Augen immer nur mit blonden Haaren zu kombinieren. Fälschlicherweise nimmt man an, daß die Puppen mit geschlossenem Mund die ältesten sind, aber dies ist von Firma zu Firma verschieden. Kaum jemand weiß, daß der einzige Grund für einen offenen Mund bei Puppen derjenige ist, daß sie ein sprechendes Wesen sind (zum Beispiel mit Mamastimme) und nicht, damit sie freundlicher aussehen.

Die französische Puppengeschichte läßt sich mit wenigen Jahreszahlen umreißen:

- 1850 beginnt Mlle. Huret Puppen herzustellen.
- Bis 1880 war die goldene Zeit der Damenpuppen.
- 1873–1890 war die goldene Zeit der Bébé Jumeau.
- 1899 endet die relativ kurze glorreiche Zeit französischer Porzellanpuppen.

Schlußwort

Haben auch Sie Mut zu diesem Hobby. Die wunderschöne Darstellung meiner Puppen durch den Photographen *Reinhard Berg* wird, wie ich hoffe, den weltweiten Kreis der Puppenliebhaber vergrößern. Gern möchte ich meine Begeisterung mit Ihnen teilen.

Überall gibt es Möglichkeiten, dieses Hobby zu erlernen. Anhand guter Literatur, auf Puppenbörsen und in Museen sollten Sie sich vielleicht schon einige wichtige Vorkenntnisse aneignen und dann voller Vorfreude an einem Puppenseminar teilnehmen. Am Schluß eines Seminars gehen Sie stolz mit Ihrer ersten selbstgemachten Porzellankopfpuppe nach Hause. Mit Sicherheit werden im Laufe der Zeit noch viele folgen. Jeder, der wirklich gerne selbst eine dieser Puppen anfertigen möchte, kann dieses anspruchsvolle, sehr auszuweitende Hobby erlernen. Etwas Geduld muß man mitbringen, und dann kann man sehen, wie die Puppen von Mal zu Mal schöner werden.

Abkürzungen

K & R	für Kämmer & Reinhardt
A M	für Armand Marseille
S & H	für Simon & Halbig
J. D. K.	für Kestner
S. F. B. J.	für Société Française de Fabrication de Bébés et Jouets
O	für Original
R	für Reproduktion
K	für Künstlerpuppe